MW00585536

Earth, Water and Sky:
An Anthology of Environmental Poetry

Tierra, cielo y agua:

Antología de poesía medio ambiental

Earth, Water and Sky: A Bilingual Anthology of Environmental Poetry
a reprint of
Tierra, cielo y agua: Antología de poesía media ambiantal
published in Montevideo, Uruguay, by Yaugurú, January, 2016
Retains original interior design by maca

Printed in the U.S.A.
First Printing
10 9 8 7 6 5 4 3 2 1   16 17 18 19 20 21

Cover design: Bill Lavender
Book design: maca

Library of Congress Control Number: 201xxxxxxx
Kercheval, Jesse Lee
Earth, Water and Sky: A Bilingual Anthology of Environmental Poetry
/ Jesse Lee Kercheval;
with various poets and translators
p. cm.
ISBN: 978-1-944884-14-7 (pbk.)

DIÁLOGOS
AN IMPRINT OF LAVENDER INK
DIALOGOSBOOKS.COM

Tierra, cielo y agua:
Antología de poesía medio ambiental

Earth, Water and Sky:
An Anthology of Environmental Poetry

Jesse Lee Kercheval Editor

Premios de poesía del / Poetry Prizes from the
South American Institute
for Resilience
and Sustainability Studies (SARAS)

INTRODUCTION

As editor of this anthology, I am delighted to present these strong, effective and moving poems about the environment by ten Argentine and Uruguayan poets. These poets responded to a call I sent out for the SARAS (South American Institute for Resilience and Sustainability Studies) Prizes in Poetry. The judge for the competition, Chilean poet Marcelo Pelligrini, selected the prize winners: Natalia Romero, Buenos Aires, Argentina, was awarded the first prize; Sebastián Rivero, Colonia de Sacramento, Uruguay, the second prize; and Virginia Lucas of Montevideo, Uruguay, the third prize. As editor, I arranged for the translation of the work from Spanish to English for this bilingual anthology.

SARAS is a transdisciplinary institute designed to help South America build a sustainable future. SARAS has a regional focus but cooperates with scientific communities in Latin America and around the world. The Institute's activities are designed to aid in the production of new scientific knowledge, to help shape a new generations of scientists who will solve the major sustainability issues affecting the region and to promote interdisciplinary contacts

INTRODUCCIÓN

Como editora de esta antología, estoy encantada de presentar estos poemas fuertes, eficaces y conmovedores sobre el medio ambiente escritos por diez poetas argentinos y uruguayos. Estos poetas se presentaron al llamado que envié para participar en el Premio de Poesía de SARAS (South American Institute for Resilience and Sustainability Studies). El jurado del concurso, el poeta chileno Marcelo Pelligrini, fue quien seleccionó a los ganadores del premio: Natalia Romero, Buenos Aires, Argentina, el primer premio; Sebastián Rivero, Colonia de Sacramento, Uruguay, el segundo premio; y Virginia Lucas de Montevideo, Uruguay, el tercer premio. Como editora, también, organicé la traducción de los poemas al inglés para esta antología bilingüe.

SARAS es un instituto transdisciplinario diseñado para ayudar a Sudamérica a construir un futuro sostenible. SARAS tiene un foco regional, pero coopera con comunidades científicas en América Latina y alrededor del mundo. Las actividades del Instituto están diseñadas para ayudar en la producción de nuevos conocimientos científicos, a formar nuevas generaciones de científicos que solucionarán las cuestiones principales de la sostenibilidad que

between South American scientists and scientist other parts of the world. SARAS also seeks to integrate innovative approaches from the social and natural sciences, mathematics and the arts.

Since 2010, SARAS has held an annual conference in Maldonado, Uruguay. Last year's conference, "Imagining resilience: Art-science collaboration for sustainability" was an example of how SARAS seeks to integrate art with science, disciplines that have been historically separate. The theme of the 2016 conference is "Seeking sustainable pathways for land use in South America" but SARAS has continued its commitment to integrating art with science by awarding the SARAS Poetry Prizes, by publishing this anthology in conjunction with the Uruguayan press Yaugurú, and by inviting SARAS prize winning poets to participate in the conference and present their work.

Jesse Lee Kercheval

afectan a la región y promover contactos interdisciplinarios entre científicos sudamericanos y científicos de otras partes del mundo. SARAS también procura integrar enfoques innovadores de las ciencias sociales y ciencias naturales, matemáticas y las artes.

Desde 2010, SARAS ha realizado una conferencia anual en Maldonado, Uruguay. La conferencia del año pasado, "Imaginando la resiliencia: Colaboraciones Arte-Ciencia para la sustentabilidad" fue un ejemplo de cómo SARAS procura integrar el arte con la ciencia, disciplinas que han estado históricamente separadas. El tema de la conferencia de 2016 es "Buscando vías sostenibles para el uso del suelo en América del Sur", es así que SARAS ha seguido su compromiso de integrar el arte con la ciencia concediendo los Premios de Poesía SARAS, publicando esta antología bilingüe junto con la editorial Yaugurú, e invitando a los poetas ganadores del Premios de SARAS a participar en la conferencia y presentar su poesía.

Jesse Lee Kercheval

✿ Natalia Romero (First Prize)
translation by Seth Michelson

> *If there were any unwounded in this world,*
> *they would live without desire.*
>
> John Berger

The Weasel

A small stream
crosses the path
of the dirt road
we're following.
It's night and only a few
street lamps are lit.
The moon sparkles on the ground
marking the water's deep blue.
You stop the car,
point out the weasel
illuminated
beneath the house gate.
The creature is big as a cat
and her paws hang on the iron rows.

Natalia Romero (Primer Premio)
traducción de Seth Michelson

Si hubiera alguien sin heridas en este mundo,
viviría sin deseo.

John Berger

La comadreja

Hay un arroyo pequeño
que cruza la ruta
del camino de tierra
por el que avanzamos.
Es de noche y hay solo
algunos faroles encendidos.
La luna chispea sobre el suelo
marca el azul profundo del agua.
Parás el auto
señalás la comadreja
que se alumbra
bajo el portón de la casa.
El bicho es grande como un gato
y sus garras tocan las filas de hierro.

I watch the weasel
over your shoulder,
her fat body, alert, her coppery fur.
She looks warm.
Mouth like a bear's.
Her miniscule eyes.
The weasel frightens me
though she barely moves.
It's her allure that scares me.
It's my first time seeing one
so I don't know what to call her.
I'm beside a man
who's cleared the road of debris
to show me this animal
I've never before seen.
Nor the duck
nearing us on the stream.
By a street lamp's shine, I see
only the duck's feathers, so white.

Veo a la comadreja
por sobre tus hombros,
el cuerpo gordo, erizado, su pelaje cobre.
Parece tibia.
Una boca como de oso.
Sus ojos, muy pequeños.
La comadreja me asusta
pero ella apenas se mueve.
Me asusta porque me atrae.
Es la primera vez que veo una
entonces, no sé cómo nombrarla.
Estoy al lado de un hombre
que despejó el follaje del camino
para mostrarme un animal
que nunca había visto antes.
Tampoco a ese pato
que se acerca por el arroyo.
Distingo bajo la luz de los faroles
solo las plumas del pato, blancas.

Leleque

It was winter
and you got lost in Leleque,
Mapuche land, uncharted wilds,
yellow hillside.
In the open night of the south
frost doesn't conceal,
doesn't lie,
the icy frost dazzles.
You awaited the sun
wrapped in a blanket
and no, there was no snow
nor a full moon,
but that white
light, newly arrived,
ceiling of the sky,
signaled your home.

Leleque

Era invierno
y te perdiste en Leleque,
tierra mapuche vaina suelta
monte amarillo.
En la noche abierta del sur
la escarcha no oculta,
no miente
la escarcha del frío encandila.
Esperaste al sol
envuelto en manta
y no, no había nieve
ni luna llena,
pero ese blanco
lumbre recién venido
tapa del cielo
marcaba tu casa.

Otter

The white otter
dove into water
purple with afternoon.
A joy soundless
save the tearing
of a few weeds from the stream.
He won't be back.
But one morning
after the moon
the otter had returned.
A resurrection
deep in the hills,
a secret act
that would be an omen:
he had to cleanse his body
of evils,
give himself to water
after letting go of land.
When we left the home
it was summer
and the otter liked to sunbathe.
We were heading south
to celebrate New Year's.

Lobito

El lobo blanco
se hundió en el agua
de color púrpura con la tarde.
Una alegría sin sonido
más que el desprenderse
de algunas matas del arroyo.
No volverá.
Pero esa mañana
después de la luna
el lobo había vuelto.
Una resurrección
en medio del monte
un acto secreto
que sería el anuncio:
tuvo que sacarse del cuerpo
algunos males,
dejarse andar al agua
soltar primero la tierra.
Cuando nos fuimos de la casa
ya era verano
y al lobo le gustaba quedarse al sol.
Viajamos hasta el sur
a pasar el año nuevo.

It must've been early
in the morning,
and the otter
waited to avoid being seen.
He went white,
entered the stream
and its scent of ducks
that were soundless too.

Seguro era bien temprano
en la mañana,
y el lobo
esperó para no ser visto.
Se fue blanco,
entró al arroyo
y al aroma de sus patos
que tampoco suenan.

Catori

There are questions Catori won't ask herself.
Like
if the sun will suddenly flood everything
or the rain break
the new buds of plants.
Above the road, the sign
says *Honey and Jam,*
we enter slowly.
The man who meets us in the entrance
offers a welcoming gesture
and we head straight for the grapes.
In the nursery
the vines are covered
by a transparent path.
Beneath a nylon sky
heat is water,
and as we walk
in the skin of maturing grapes,
I discover your feet
in the perfect shoots of grapevines.
The world outside doesn't exist.
Catori appears,
doesn't ask herself

Catori

Hay preguntas que Catori no se hace.
Por ejemplo
si el sol va a rodear intempestivamente todo
o la lluvia romper
los brotes nuevos de las plantas.
Sobre la ruta el cartel
dice *Miel y Jalea*,
nosotros entramos a paso lento.
El señor que nos recibe en la entrada
saluda con un gesto de bienvenida
y avanzamos hacia las uvas.
En el vivero
las parras están cubiertas
por un camino transparente.
Bajo el cielo de nylon
el calor es agua
y mientras caminamos
con la piel de las uvas en maduración,
descubro tus pies
entre los brotes perfectos de vid.
Afuera no existe el mundo.
Catori aparece,
ella no se pregunta tampoco

about the passage of time.
She guides us to the biggest grapes.
She smiles, lifts her face,
can hardly speak our language,
so we just gaze into one another's eyes.
Beneath the grapes, heat rises.
The sun bounces off your feet,
and we set off on the second path.
You pick up a squash
with a huge hole in its center
full of dried seeds.
It sounds like a drum,
and in its husk, the air
resounds too.
Catori splits a seed,
her mouth opens,
she lifts the wooden lid
of a little nest.
Four fledglings
await mother's food.
Their beaks gape without making a sound.
We both know Catori
won't ask herself anything.
She moves with an originary certainty.

por el paso del tiempo.

Nos guía hacia las uvas más grandes.

Sonríe, levanta la vista

habla apenas nuestro idioma

entonces nos miramos a los ojos.

Bajo las uvas el calor asciende.

El sol rebota en tus pies

y visitamos el segundo sendero.

Tus manos toman una calabaza

con un gran hueco en el centro

lleno de semillas secas.

Suena como un tambor

y en su corteza el aire

también suena.

Catori parte una semilla

su boca se abre

levanta la tapa de madera

de un nido pequeño.

Los cuatro pichones

esperan el alimento de su madre.

Sus picos parpadean sin emitir sonido.

Los dos sabemos que Catori

no se pregunta nada.

Una certeza de origen va con ella.

Sebastián Rivero (Second Prize)
translation by Catherine Jagoe

images of stones

For Martín Adán

I
ruins and masks
the lure of antiquity

a street winds down
next to the city wall
(caught in a snapshot)

oh tedious beauty of stillness
tedious beauty of ancient things
beaches thundering on stone beds
and then nothing

the foreigner walks through
leaving no trace

Sebastián Rivero (Segundo Premio)
traducción de Catherine Jagoe

la imagen en la piedra

a Martín Adán

I
ruinas y máscaras
engaño de lo antiguo

una calle desciende
junto a la muralla
(presa en una instantánea)

odiosa belleza de lo quieto
odiosa belleza de lo antiguo
playas atronando en lechos de piedra
y luego nada

pasa el extranjero
sin dejar huella

II
But if the stone
the visitor walks on
the gray deluge
laid down as mud
holds nothing now
no laments no grief
no putrefaction
(no time even)

III
but these stones
that felt atrocity
have become
a gleaming mirror
for the camera's flash
while walking by

IV
because from the heights
of macchu picchu
to this southern fortress city
it's all just stones
piled up for kodak
—you said—

II

pero si la piedra donde
el visitante pisa y pasa
el aluvión gris
precipitado en fango
nada ya retiene
ni lamento ni dolor
ni podredumbre
(ni tiempo ya)

III

pero estas piedras
que palparon el instante atroz
se convierten
en lustroso espejo
del relámpago fotográfico
que se pisa y pasa

IV

porque desde las alturas
de machu picchu
a esta austral ciudadela
todas son piedras
amontonadas para la kodak
–dijiste–

to avoid wondering where
the I and meaning start

V
wandering around like the rest
just one more tourist
among the gringos
—you said—
never again
asking the stones
and their dead time
why this moment

VI
now
and in the nows to come
—keep walking on you said—
it will refute all arguments
all speech
because only stone
in the photographic
image
is true

para no saber donde
comienza el yo y el sentido.

V
deambular como los otros
ser un turista más
entre los gringos
–dijiste–
ya nunca más
preguntarle a las piedras
a su tiempo muerto
por qué el instante

VI
ahora
y en los ahoras que sigan
–pisa y pasa dijiste–
negará cualquier razón
cualquier palabra
porque sólo la piedra
en la imagen
fotográfica
es la verdad

VII

what you see

is not a river

even though you hear

its echo

even though you watch it

crashing

like an obstinate

tame beast

(losing itself, draining away)

what you see

is not a river

it's the best image

kodak could give you.

VII

lo que ves

no es un río

aunque escuches

su eco

aunque lo mires

golpear

como obstinada

bestia mansa

(perderse, escurrirse)

lo que ves

no es un río

es la mejor imagen

que te pudo dar la kodak

shores of the Rio de la Plata

I
dark mirror of day
the river's cloak of opaque

                       gold

motionless, shadowy,

the shores shape the
river

(even if you touch it
or plunge in
you won't find other splendors)

mud its stigma
till the end

                            of time

II
in the middle of nowhere
the jail

las orillas

I
espejo de sombra contra el día
clámide de oro

                    opaco

inmóvil en penumbras

forman al
río

(aunque lo toques
o te sumerjas
no obtendrás otros resplandores)

barro es su estigma
hasta el fin

                    de los tiempos

II
en el medio del campo
la cárcel

gleaming white under the sun
bounded by birds
is an idyllic image
(inside it's made of mud)

III
mud engenders
only
                                        mud

(this dust that
condemns you)

the city built on its shores

mud will make only
(condemned to dust)

                              a weak foundation

relumbrando blanca bajo el sol
circundada por pájaros
es una imagen idílica
(barro es su interior)

III
el barro engendra
sólo

                                barro

(este polvo que te
condena)

la ciudad alzada en sus orillas

barro tendrá sólo
(polvo condenado)

                                endeble cimiento

☙ Virginia Lucas (Third Prize)
translation by Jen Hofer

Wood

firewood incites the tap-tap-tapping
(fire)
in the heart's house
illumination, Rimbaud says
that wooden bench
burning in a plaza's
intimacy
at the edge of scattered
birdflight:
memories of pigeons
among charred logs
grilled chicken, the scent of a Sunday
at summer's thundering midday
while the heat melts
black papers
igneous coals

Virginia Lucas (Tercer Premio)
traducción de Jen Hofer

Madera

leña azuza el repiqueteo
(fuego)
en la casa del corazón
la iluminación, dice Rimbaud
aquel banco de madera
ardiendo en una plaza
íntima
al borde del vuelo desbandado
de los pájaros:
recuerdos de palomas
entre leños carbonizados
pollo asado, perfume de algún domingo
al mediodía tronante del verano
mientras el calor derrite
papeles negros
carbones ígneos

of a victory foretold
by hands
among the *canto* of fingers
a crackling
in tepid redemption, black rocks
against the flayed hide of a bird
in its right
to emerge from the forge
as blazing firewood
against an urban trash-picker

when there are corpses a fox
at alert
the grapevine lurking in the half-dark
the animal's tail, her taut skin
now buoyant from the jolt of energy
while she leapt

frustration is a different fable, Heraclitus said
plunged into the river

when there are corpses
even the ants celebrate
in their holes, shafts
inside which a tree might take shape

de una victoria presagiada
por las manos
entre el *song* de los dedos
un crepitar
en tibio redimir, rocas negras
contra las lonjas de un ave
en su derecho
por salirse de la forja
como leña ardiente
contra un recolector urbano

cuando hay cadáveres una zorra
se desvela
la vid aguarda en la penumbra
la cola del animal, su piel tensada
ya se aligera al golpe de energía
que duró su salto

la frustración es otra fábula, dijo Heráclito
hundido en el río

cuando hay cadáveres
hasta las hormigas se festejan
en madrigueras, huecos
por los que un árbol irá cobrando forma.

It was made of walnut, the seat, still beam on the
train and it was from that car.
The people were fled after the stillness of the seat
where the dust lodged
scattered, and in wait, eyes ablaze in the grove.

Between the tracks with no platform, their asses
settled. Only the ants' asses,
and these were all in a line, that jangling march
                against an ochre background
And at the point between one car
and another, the passageway…the passageway
                slithered.

An initial light running alongside,
through a temporal gap:
nails, today, and coat hooks.

With the slow trek, the ongoing banging
of an iron door, a wrecked bathroom
(and some anticipation). Between the blink of
                the image
the retina lurks, another movement, a scene
(and another breath). In the body, step by step,
a hunch with no tongue.

Era de nogal, el asiento, barejón quieto en el tren
y era del vagón aquello.
Las gentes eran idas tras la quietud del asiento
donde aposentábase el polvo
desparramado, y en espera, faroleando en la floresta.

Entre las vías sin andén, reposaban los culos.
Solo los culos de las hormigas,
y era en procesión, aquel camino tintineante en
          fondo ocre
Y entre el empalme de un vagón
y el otro, el pasillo... el pasillo serpenteaba.

Una luz inicial corriendo lados,
por un hueco temporal:
clavos, hoy, y percheros.

Todavía se golpea en la marcha lenta
una puerta de hierro, un baño ruinoso
(y alguna espera). Entre el parpadeo de la imagen
la retina aguarda, otro movimiento, una escena
(y otra tregua). En el cuerpo, paso a paso,
un pálpito sin lengua.

The town of Cardozo flooded on a Tuesday
when the door to the dam opened.
In Tacuarembó, that day, my grandfather moved
        his farm gear.
Now he makes maps, builds his house, far away.

He wants to know about the damage, looks at
himself in the mirror. Another hole
won't wreak new havoc

as a boy his pants came undone at the seams
if he went to the tree,
from a white cedar hung remnants and cuffs,
the liminal thread of some long pants
        Friday. 830
even the chest of drawers, passes
through wood.

At the door to that house, the plaza fell
and the Ángel de Andrés rang out three times,
        three children—he said—
and one cat. The work. He rearranged
on the stones of the altar, in a niche heavenly
Santa Lujan, a beautiful nook
at the front of the house to change out its little light.

El pueblo de Cardozo se inundó un martes
cuando abrió la puerta la represa.
En Tacuarembó mi abuelo mudó su apero, ese día.
Hoy hace mapas, pone la casa, lejos.

Quiere saber del daño, se mira al espejo. Otro agujero
no hará nuevos estragos

de niño el pantalón se descosía
si andaba al árbol,
de un paraíso colgaba el tiento y el dobladillo,
el liminal hilo, de un pantalón largo
                    Viernes. 830
hasta la cómoda, se pasa
por la madera.

En la puerta de aquella casa, cayó la plaza
y el Ángel de Andrés sonó tres veces, tres hijos –dijo–
y un gato. El trabajo. Se recompuso
sobre las piedras del altar, en un nido Sta. Luján
celeste, hermosa garita
en el frente de la casa por cambiarle la lamparita.

Enrique wants a train.
Today, one day, my grandmother, with plums
and a poplar, they will migrate with the after-
noon rain the thunderclap
of Sunday's mercy, following the rails... chufchuf.

Just like that, in front of the half-open door
(little urban rivers along the unpaved streets).

The rain celestial, the sky open in a festival of lights
the cat, the other cat and the fish, in the river,
mixed up. And the afternoon, and the afternoon...
with no railing

And what of the cakes
in the hollows, of their hands:
the pan's frying
Juan's purring

helps the vigil in the fields
without kerosene.
Coming down the ravine, other kids
help the little paper boats:

Enrique quiere un tren.
Hoy, un día, la abuela, con ciruelas
y un álamo, migrarán con la lluvia de la tarde el tronar
de la misericordia del domingo,
tras el ferrocarril... tuftuf.

Así, ante la puerta entornada
(ríos urbanitos por las calles de tierra).

Celestial la lluvia, el cielo abierto en luminaria
el gato, el otro gato y los peces, en el río, compli-
cados. Y la tarde, y la tarde…
sin baranda

Y qué de los pasteles
en las órbitas, de las manos:
el fritar del sartén
el ronronear de Juan

ayuda la vela en el campo
sin querosén.
Bajando la quebrada, otros niños
ayudan barquitos de papel:

an inhospitable morning
rickety wind among the dirt clods
ants with no path, no ruined shacks,
at the pasture fence
who might this man be?

una mañana inhóspita
de viento endeble entre terrones
hormigas sin camino, ni taperas
¿en la portera de alambre
quién será el hombre?

Martín Barea Mattos
translation by Mark Statman

I have an idea, a machine that machinates me.
I have an industry afoot that grows quickly
without making a sound:
the license, vacation-cow-vation of hide and flesh,
a green gymnasium:
This is not a cow,
warns the growing machine…
This is not a machine.
These are toasts, laughs, and jokes. Echoes of
a branding,
of a fiesta where the peasants do the snuffing.
They marked and gelded,
horns cut off, fall
There is an echo that lassos memory, turning
like a mechanical
bull.

Martín Barea Mattos
traducción de Mark Statman

Tengo una idea, una máquina que me maquina.
Tengo una industria en pie que crece rápido
sin hacer ruido:
una licencia, una vaca-ción de cuero y carne,
un gimnasio verde:
Esto no es una vaca,
advierte la máquina que crece…
Esto no es una máquina.
Hay brindis, risas y bromas. Ecos de una yerra,
de una fiesta que se extingue de paisanos.
Que marcaban y capaban,
que hacían caer las guampas.
Hay un eco que enlaza la memoria, girando
como un toro
mecánico.

Like anchored ships, they chew the Atlantic prairie.

They seem to discuss the course, ruminate:

All pastures, they say,

lead to Europe.

After finding the fifth leg of a cow

the stock restarts:

God no longer saves the queen.

God has an American dream:

reproduce the cowboy: mother:

Mother in USA

copy/paste

Father in USA

copy/paste

Made in USA.

Como naves ancladas mastican la pradera atlántica.

Parecen discutir el rumbo, rumian:

Todos los pastos, dicen,

conducen a Europa.

Después de encontrar la quinta pata a la vaca,

se reinicia la raza:

Dios ya no salva a la reina.

Dios tiene un sueño americano:

reproducir la madre del cow-boy:

Madre in Usa

copy/paste

Padre in Usa

copy/paste

Made in Usa.

In our genes the weather, following in each
mouthful of dry pasture.
Crossing water and sun,
a Hereford enters the veiled
wagon of climate change.
Cow that ate and drank, flew.
On the political map of Europe, they superimpose
slashed bovines for provisions:
Spain, tenderloin; France, strip-loin;
Great Britain, rib-eye; Germany, rib roast.
Like the suitcase of a tourist passing through,
arming,
disarming,
arming…
Eureka,
to win this war of demands,
cows in uniforms like chickens:
trenches sad and starving,
houseflies,
fast food.

El clima es gen también en tren de cada bocado
de seco pasto.

Cruzando el agua y el sol,
un hereford sube al vagón
del antifaz del cambio climático.
Vaca que comió y bebió, voló.
Sobre el mapa político de Europa se superponen
cortes bovinos para el abasto:
España, lomo; Francia, bife angosto;
Gran Bretaña, ojo de bife; Alemania, bife ancho.
Como la valija de un turista de paso,

se arma,

se desarma,

se arma...

Eureka,

para ganar esta guerra de demandas,
vacas uniformadas como pollos:
trinchera triste y hambrienta,

moscas,

comida rápida.

Udders by the head,

mouths chew by each hoof.

Stomachs in place of each leg

and

a cattleman in the womb.

For hide,

a map for what's in demand.

For dung,

cuts of the best beef.

By mooing,

we name: home.

Ubres por cabeza,
bocas mascan donde cada pezuña.
Estómagos en el lugar de cada pata
y
un ganadero en el vientre.
Por cuero,
el mapa de la demanda.
Por bosta,
cortes del mejor bife.
Por mugido,
el nombre de la cabaña.

The diamond cattleman: the cow to the open sky.

The open sky of the cow:
woodland park and foxes,
rivers, serpents, capybara.
In the mountains, bats, deer and lizards.
Tuco-tucus and spiders, weave native mountains:

The bull, a bird of pasture, enjoys.

Watching him
the man enjoys
his aroma.

El diamante ganadero: la vaca a cielo abierto.

El cielo abierto de la vaca:
bosques parque y zorros,
ríos, serpientes y carpinchos.
En las sierras, murciélagos, venados y lagartijas.
Tucu-tucus y arañas, tejen montes nativos:

el toro disfruta cual ave del pastizal.

El hombre
del aroma
que lo mira.

Luis Bravo, translation
by Catherine Jagoe

h
e
r
e

s
t
o
o
d

a

t
r
e
e

now felled

Luis Bravo
traducción de Catherine Jagoe

a
q
u
í

h
a
b
í
a

u
n

      á
      r
      b
      o
      l

      ahora talado

the 4x4 mega jeep
thrusting into the market
devours the narrow street
the treeless city
2 x 3 it rains:

the greenhouse effect is stifling
ultraviolate rays blaze through the ozone
hole over the Southern Cone
for 70 years

the tree provided fruit shade birds
now its shadowy sombrero's gone
its winged musicians emigrated
this cement report

instead of the tree poem:
1 oak-tree generates the amount of oxygen

consumed by 10 people
1 automobile consumes

in 1 hour
the amount of oxygen that 800 people
use in 1 day
1 automobile consumes

la mega camioneta 4x4
empuja por entrar al mercado
devora la calle angosta
la ciudad sin árboles
2 x 3 llueve:

asfixia el efecto invernadero
los rayos ultraviolan queman
el cono sur agujereado
durante 70 años

el árbol dio frutos sombra pájaros
ya no está su sombrero de sombra
los alados músicos migraron
este informe de cemento

en el lugar del poema árbol:
1 encina genera el oxígeno

que consumen 10 personas
1 automóvil consume

en 1 hora
el oxígeno que 800 personas
utilizan en 1 día
1 automóvil consume

in 1 hour
the oxygen that 200 oak-trees generate
in 1 day
…

Sir, have you polished your 4 x 4 weapon today?

en 1 hora
el oxígeno que 200 encinas generan
en 1 día

...

¿Señor, ya lustró hoy su arma 4x4?

The Nine Circles or Planet Earth's Right to Life

1.
Lately I keep hearing myself say, *Oh god!*
lately my voice, a knot, keeps catching in my throat
scrabbling for impossibles:
a poem with accurate information
a scientific committee that is listened to attentively

poets and scientists have barely any readers,
only a tiny fraction gets them
even when they're clear as day

an age deaf and glutted with noise
what good are poems and labs in times like these?

2.
the poem speaks con/scientiously:

carbon emissions, smokestacks and chimneys
sprays and prayers, exhaust pipes, cautious clones,
gasoline automobiles in Babylon, clear-cut forests,
industrial effluent in rivers, satellite radiation
in the city's brain, open scar mining,

Los nueve círculos o el derecho a la vida del planeta Tierra

1.

Hace tiempo me oigo decir a cada rato *¡ay, Dios!*
hace tiempo el nudo de la voz raspa la garganta
araña imposibles:
un poema con información precisa
el comité científico ha sido atentamente escuchado

poetas y científicos de escaso lectorado,
un ínfimo porcentaje los comprende
aunque sean meridianamente claros

ensordecida edad ahíta de ruido
¿qué hacen el poema y el laboratorio en estos casos?

2.

habla con ciencia el poema:

emisiones de carbono, altas y bajas chimeneas
esprays *and prayers*, caños de escape, clones quietos,
automóviles a pétroleo en Babilonia, tala de selvas,
deshechos industriales en el río, radiaciones satelitales
en el cerebro de la ciudad, minería a cicatriz abierta,

fumigating poisons, massive toxic action
in faucets and on plates

hot air bounces off the atmosphere's
thin layer, Narcissus' fatal mirror
your polar caps like ice-cream left out of the freezer
myth of Atlantis in Antarctica
earth's thin crust a sheet of brass, *oh god!*
                              will there be?

3.

"*Canada's on planet Earth,*" Octavio says.
"*Yeah, Octavio,*" answers Emiliano. "*We're inside
       planet Earth.*"
"*So that makes us earthlings, terrestrials,*" I point out
       as I drive the homicidal car,
   following the conversation of twins who've
       spent a mere 4 years on planet Earth—
"*Yeah, terrASStrials,*" Octavio smirks.
"*Mama's got a terrASStrial,*" Emiliano adds…

Mama's butt is ASStrial not terrestrial
Mama's butt is ASStrial not terrestrial

fumigando venenos, masivas acciones tóxicas
en la canilla y en el plato

el aire caliente rebota en la atmósfera
delgada capa, fatal espejo de Narciso
tus casquetes polares como helados fuera del freezer
el mito de la atlántida en la antártida
una hoja de latón, la delgada corteza terrestre
           ¡ay, Dios! ¿habrá?

3.

—*Canadá es del planeta Tierra*, dice Octavio.

—*Sí, Octavio* –replica Emiliano– *estamos adentro*
           del planeta Tierra.

—*Por eso somos terrícolas* –acoto mientras conduzco
           el auto homicida, siguiendo la conversación
           de los mellizos con solo 4 años
           en el planeta Tierra–.

—*Sí, terriculus* –sonríe Octavio.

—*Mamá no es terricula*, agrega Emiliano...

Mamá es cula pero no terricula
Mamá es cula pero no terricula

they chorus as if they'd practiced it for months.

I promise not to tell their mother, secretly savoring
their infant Latin and doing prosaic arith-
metic: if the current annual global warming
rate continues, when the twins are my age,
in 2051, the temperature of Planet Terrasstrial
will have reached levels that cannot be
withstood in nature.

4.

future nightmare on a summer's night
Nel mezzo of everlasting heat the right eardrum
vibrates
as the publi-felicity lights up the left retina:
"*last devices for your solar bunker, a mitad de precio,*
best buy now"

those on pyramid A are labeling their
merchandise immediately
the remaining earthlings, remnants of scorched
flesh with implants,
wander the underground tunnels, crawl into 3x2
rooms
cooled by refracting panels during business hours
under a leaden sky of silver nitrate laser

recitan a coro como si hubieran ensayado
  durante meses.

Prometo no contárselo a su madre, mientras dis-
  fruto en secreto el latín infantil y saco prosai-
  cas cuentas: si se mantiene el actual ritmo de
  calentamiento global anual, cuando los me-
  llizos tengan mi edad, en el 2051, la tempe-
  ratura del Planeta Terrícula habrá alcanzado
  grados imposibles de tolerar naturalmente.

4.

pesadilla futura de una noche de verano
Nel mezzo del calor eterno vibra el tambor
  del oído derecho
en la retina izquierda se enciende la publi-felicidad:
"*last devices for your solar bunker, a mitad de precio,*
  best buy now"

los de la pirámide A etiquetan mercadería
  de inmediato
el resto terrícula, harapos de carne chamuscada
  con implantes,
viaja por túneles bajo tierra, repta en cuartos de 3 x 2
y placas refractantes con aire acondicionado en
  horario público

skinheads emerge like moles
the acid drizzle stinks
plague's ashen rays rise early.

The telematic system relays *las noticias globales*:
Asbestos Soldiers Guard Aquifer Reserves
....
All Indonesia Under Water
....
Millions Dehydrated Outside Virtual Great Wall
....
Remains of Amazon Burn on Tokyo Stock Market
....

apocalyptic vision or reality show in coming decades?
what to do? pen a little poem?

5.
Children, the animal and vegetable offspring of
        every age
up to the present from remote antiquity
on this beautiful blue Planet glowing on my

bajo un cielo plomizo de nitrato láser platinado
asoman las cabezas rapadas como topos
jiede la ventisca ácida
madrugan los cenicientos rayos de la peste.

El sistema telemático replica *the global news:*
Soldados de amianto custodian reservas acuíferas
....
Indonesia completamente bajo agua
....
Tras la Gran Muralla virtual, millones de deshidratados
....
Los restos de la Amazonia arden en la bolsa de Tokio.
....

¿visión apocalíptica o *reality show* de los próximos
          decenios?
¿qué hacer? ¿un poemita?

5.
Niños, criaturas animales y vegetales de todos
          los tiempos
hasta el presente transcurridos desde la remota edad

laptop screen:
are being condemned
how can we put it to them?
"Children, your children will not get to grow up on this
Planet's earth"

on their bikes, balanced on the pedals
with arms outstretched, as serious as oracles
they proclaim it in 2 voices, cry it to the 4 winds:

fight for the right
to lost life and the return
of the planet plan
earth earth err err Ur was is
the right to li feof pla ne tearth
whe nare you go ing to ge tit

6.
my father's talk described the Tietê River as
    a sewer
"Chemistry and the Environment" conference,
    Sao Paulo, 1976
we flew together for the first and last time that
    summer
he explained "the greenhouse effect" to me in

del Planeta azul que luces bellísimo en mi
        cubre-pantalla:
están siendo condenados
¿con qué cara decirles?
  —*hijos, sus hijos no podrán crecer en la tierra de este*
        Planeta

ellos, subidos a los pedales de sus bicicletas
con los brazos en jarra, serios como un oráculo
lo proclaman a 2 voces y lo gritan a los 4 vientos:

el derecho hecho
a la vida ida y a la vuelta
del plan planeta
tierra tierra erra erra era es
el de re choa la vi da del pla ne ta tie rra
en ten de lo deu na vez

6.
mi padre dio la conferencia, el río Tieté era
        un basural
"Congreso de Química y Medioambiente",
        San Pablo, 1976
por primera y última vez viajamos él y yo juntos
        ese verano,

detail on the plane

I remember him as I read the report from the
    University of East Anglia (UK)
ocean areas round the Equator reached their highest
    recorded temperatures in history in January 2007.

7.

I composed another kid's song with scientist Jim
    Hamsen's warning:

global global warming is globally out of control
it'll utterly alter the eco-equilibrium of planet Earth
raising sea raising sea raising sea
levels evils levels
causing ex
causing ex
extinction of animal species
in the blink of an eye
half-assed measures to avert disasters
gas and carbon emissions
affect the ozone oh no oh no
stop upsetting the echo echo echo
the eco eco logical
equilibrium

en el avión me explicó al detalle "el efecto invernadero"
lo recordé al leer el informe de la Universidad
de East Anglia (Gran Bretaña):
"la franja oceánica ecuatorial alcanzó las más altas tem-
peraturas registradas en la historia, Enero 2007".

7.

Con la advertencia del científico Jim Hamsen
compuse otra canción infantil:

el calentamiento global global global-mente fuera de control
cambiará por completo el eco-equilibrio
del planeta Tierra
aumentando el nivel aumentando el nivel aumentando
el nivel
de los mares de los males de los mares
causando la ex
causando la ex
la extinción de especies animales
más rápido de lo que canta un gallo
medidas de sastre para revertir los desastres
las emisiones de gases y carbono
afectan el ozono oh no oh no
detener el eco el eco el eco
el desequilibro
eco eco eco lógico.

8.

I call on all of them together, Dr Hamsen
           and the Climatic Research Unit scientists,
the *Einstein Committee*, measuring the last hours
           of planet Earth
my father and my children's children
every earthling who might read this poem

I invoke them in this act of reading and invite
           them to declare
the right to Life of Planet Earth
prior right first and foremost
verbal sword poised at the edge of people's
           consciences.

9.

Don't kid yourself, dear fellow-breeder reader,
don't leave your kids out of the countdown.

8.

junto al Dr. Hamsen y a los científicos
            de la *Unidad de Investigación del Clima*
junto al *Comité Einstein*, midiendo la hora final
            del planeta Tierra
junto a mi padre y a los hijos de mis hijos
junto a cada uno de los terrículas que lean este poema

los junto a todos en este acto de lectura
            y los invito a declarar
el derecho a la Vida del Planeta Tierra
prior derecho antes y primero
espada verbal al filo de las conciencias.

9.

No se haga trampas al solitario, hermano
            serúmano lector,
no deje a sus hijos fuera de la cuenta regresiva.

Ignacio Fernández de Palleja

translation by Ron Salutsky

A Handful of Poems Floating in Air

Plant Your Foot.

In the schools,
before the planting
of antennas and computers,
Ibirá-pitá trees were planted,
also called *trees of Artigas*
because beneath one
the retired hero drank *mate.*
We planted one
with a geographical friend.
The tree exceeded
a year of life
but not a meter.
I see it grown,
that is the revolution.

Ignacio Fernández de Palleja

traducción de Ron Salutsky

Una mano de poemas que se sostiene en el aire

Planta el pie.

En las escuelas,
antes de que se plantaran
antenas y computadoras
se plantaban
ibirapitás,
también llamados
árboles de Artigas
porque abajo de uno de ellos
tomaba mate el prócer jubilado.
Plantamos uno
con un amigo geográfico.
Ya superó
el año de vida
pero no el metro.
Lo veo grande,
eso es la revolución.

Protest Against Certain Fall

The landscape turned yellow
like the hair of old brunettes,
under the oppressive rule
of the inventories, the speeches,
the synthetic water, ideas
formed into hard-soft fat,
like the backward movement
of a bureaucratic Kali goddess
whose elusive face
hides behind implicit
and incapable philosophies.

The landscape turned Sunday,
commonplace, flying fish
trapped in the nets
of some gossipy ladies
and neo-con guys,
all defeated winners,
provocateurs of a frozen
greenhouse effect,
learned in nothing
and with veto power.

Protesta contra cierto otoño

El paisaje se puso amarillo
como el pelo de las viejas morochas,
bajo el imperio opresivo
de los inventarios, los discursos,
el agua sintética, las ideas
convertidas en grasa
duramente blanda,
como el movimiento hacia atrás
de una diosa Kali burocrática
cuyo rostro esquivo
se esconde tras filosofías
implícitas e incapaces.

El paisaje se puso domingo,
lugar común, pez volador
atrapado por las redes
de unas señoras conventilleras
y unos tipos convencidos,
todos vencedores vencidos,
provocadores del efecto
de un invernadero congelado,
doctos en nada
y con poder de veto.

The landscape turned reminiscent,
plaintive, a mix of constipated,
congested, stiff
and overly aware
of two or three concerns
that spin like dry
leaves inside
missing gears,
like a poet saying
the panorama of local
poetry is mournful and the true
destiny of man is art.

The landscape became like me,
I think that if we were all
poets no one would be,
and the greedy would interview
each other complaining
of the low value
of what really matters,
I feel then I must
plant peace
and forests in my desert
at least for the world
to reverse its spin and the fall
of leaves and the soul.

El paisaje se puso reminiscente,
quejoso, mezcla de estreñido,
congestionado, agarrotado
y demasiado consciente
de dos o tres preocupaciones
que dan vueltas como unas hojas
secas que raspan por dentro
como engranajes sueltos,
como un poeta diciendo
que el panorama de la poesía
local es tétrico y el verdadero
destino del hombre es el arte.

El paisaje se puso como yo,
que pienso que si todos fuéramos
poetas nadie lo sería,
y los avaros se entrevistarían
entre ellos quejándose
del escaso valor concedido
a lo que realmente vale,
siento entonces que tengo
que plantar bosques
y paz en mis desiertos
al menos para que el mundo
revierta el giro y la caída
de las hojas y del alma.

Permanence of Impermanence

The thrill of the sun
that lightly kisses
the rooftops of my town
when I am certain
nothing will be left of the houses
and townsfolk, not even the foundations.

We reach an apex
from which we will fall,
many know
the moment of breaking.
We also know,
by way of inexplicable calculations,
the insurmountable distance between us
and the next truncated cusp.

The words are spent
with the daily wind of the millennia,
the symbols mouthless kisses.
Then we say nothing,
because it is useless,
bathed voiceless in a sunset
that is all sunsets.

Permanencia de la impermanencia

La emoción del sol
que besa mansamente
los techos de mi pueblo
cuando tengo la certeza
de que de las casas y de la gente
no restarán ni los cimientos.

Llegamos a un ápice
del que caeremos,
varios sabemos
el minuto de la rompiente.
También conocemos,
por cálculos inexplicables,
la distancia insalvable entre nosotros
y la próxima cúspide trunca.

Las palabras se gastan
con el viento diario de los milenios,
los símbolos son besos sin boca.
Entonces nada diremos,
porque es inútil,
callaremos bañados por un ocaso
que es todos los ocasos.

Demonstrations

No to the pyramids.
Such was the slogan of the candidate
opposed to corporations,
invest in relations with us,
he added.

They will last forever,
they will be our pride,
the inexhaustible source
of mighty energy,
chanted those who own
the power and the word.

And they lasted until now,
forgotten after the wars
that rendered them useless.

Manifestaciones

No a las pirámides.
Tal era el lema del candidato
opuesto a las corporaciones,
invirtamos en relacionarnos,
agregaba.

Durarán para siempre,
ellas serán nuestro orgullo,
la fuente inagotable
de potente energía,
coreaban los dueños
del poder y la palabra.

Y duraron hasta ahora,
olvidadas las guerras
que las inutilizaron.

Our Tsunami

After Indran Amirthanayagam

The tsunami is arriving, of course,
but it will be neither violent nor sudden,
it will be gradual, consensual, more or less.
The sea will illegally occupy
the public lands,
the bank homes,
the high schools, the government offices,
the gas stations
the U.S. Embassy,
it will block roads
that used to run over riverbeds,
it's going to sneak into the TV channels,
the unsocial networks,
it's going to plant the flag for electoral
campaigns and celebrations,
it will flood the native tongue,
it will appear inevitably in the lyrics
sung by street musicians,
in the sales at supermarkets,
it will be part of the curriculum,
it will fill the throats

Nuestro tsunami

recordando a Indran Amirthanayagam

Va a llegar el tsunami, por supuesto,
pero no va a ser violento ni repentino,
será gradual, consensuado, más o menos.
El mar va a ocupar ilegalmente
los terrenos fiscales,
las viviendas del banco,
los liceos, las oficinas públicas,
las estaciones de servicio,
la embajada de Estados Unidos,
va a cortar las rutas
que antes tapaban los arroyos,
se va a colar por los canales de televisión,
por las redes insociales,
se va a embanderar en las campañas
electorales y en los festejos,
va a inundar la lengua de la gente,
va a meterse indefectiblemente
en las letras de las murgas,
en las ofertas de los supermercados,
va formar parte de los diseños curriculares,
va a llenar las gargantas

of the rising rapporteurs,
it will wet the old barflies,
and the abysmal folds of the neighborhood whales,
it will get stalled in the Chamber of Deputies,
it will be negotiated, drafted several times
until awkward and oblique,
it will be left in the hands of lawyers,
municipalities, the dead, managers, grassroots
movements,
it will be criticized by the opposition,
it won't infiltrate the interior,
from where people will emigrate to enjoy
its benefits,
it will be ignored in the world,
it will bore us, let's use it
in the Ministry of Tourism's propaganda,
it will be, tacit, in my memories,
we will adapt to walking drowned,
it will seem much more reasonable
than our neighbors who don't, and less happy,
it will lend its name to various retail stores
and amateur football teams,
we will carry it in our blood, like *mate*,
we will recall it when relevant,
we will dry it in eucalyptus plantations,
we will all live with its spume.

de los relatores de crecientes,
va a humedecer a los viejos de los bares
y los pliegues abismales de las ballenas de barrio,
va a enlentecerse en la cámara de diputados,
va a ser negociado, redactado varias veces
hasta que quede turbio y torpe,
va a quedar en manos de abogados,
municipales, muertos, gestores, comités de base,
va a ser criticado por la oposición,
no va a llegar al interior,
desde donde la gente emigrará para disfrutar
de sus beneficios,
va a ser ignorado en el mundo,
nos va a aburrir, vamos a usarlo
en las propagandas del Ministerio de Turismo,
va a estar, tácito, en mis memorias,
nos vamos a adaptar a andar ahogados,
va a parecer mucho más razonable
que el de nuestros vecinos, y menos alegre,
va a darle nombre a varios almacenes
y equipos de fútbol amateur,
lo vamos a llevar en la sangre, como el mate,
lo vamos a recordar cuando convenga,
lo vamos a secar con plantaciones de eucaliptus
y vamos a vivir de su resaca.

Elena Lafert
translation by Laura Cesarco Eglin

There are mornings that arrive
as if just showered

and when observed

they wither away

the density of the air
is a blanket
on your back

at 86° F
the steam of a body
becomes a cloud

Elena Lafert
traducción de Laura Cesarco Eglin

Hay mañanas que llegan
como recién lavadas

y al observarlas

se ajan

la densidad del aire
es un manto
en la espalda

a 30° C
el vapor de los cuerpos
se transforma en nube

A cloud fades away in the Sahara

nobody is watching—

it's the cloud with the essence of your body—

at the other end of the world
the jungle grows
where the pampas used to be

and the early hours
of the day arrive
depleted

Una nube se desvanece en el Sahara

nadie la observa

–es la nube con la esencia de tu cuerpo–

en otro extremo del mundo
la selva crece
donde había pampa

y las primeras horas
del día llegan
exhaustas

The sand follows the wind
from the Sahara to Brazil

the air you breathed drops anchor
in the ends of the Earth
and one puff returns it
dilated

wherever I go
it finds me–

we are everywhere–

Las arenas siguen al viento
desde el Sahara a Brasil

el aire que respiraste ancla
en los confines de la Tierra
y un soplo lo devuelve
dilatado

adonde voy
me encuentra

—estamos en todos lados—

Like missiles
crossing the sky

a thunderous burst
of light never seen before

shatters windows
in Siberia

There are incidents
that emerge

from a piercing
mystery

Como misiles
cruzando el cielo

una ráfaga estruendosa
de luz nunca vista

revienta ventanas
en Siberia

Hay sucesos
que emergen

de un misterio
que atraviesa

Latest News:
black ants of the world
go round in circles
until they die exhausted
in a geometric trance
(found poem)

Everything passes
but also *Everything*
happens

it's terrible

at the same time, there is
hope

to be able to sink
your hands in the earth
(for example)

the blind fingers
like antenae
feeling the nest
that creates growth

Última Noticia:
hormigas negras del mundo
dan vueltas en círculo
hasta morir agotadas
en un trance geométrico
(poema encontrado)

Todo pasa
pero también *Todo*
sucede

es terrible

al mismo tiempo, hay
esperanza

poder hundir
las manos en la tierra
(por ejemplo)

los dedos ciegos
como antenas
palpando el nido
que hace crecer

the earth humid
and secret
will nourish your skin

like it does the roots—
a way to return—

la tierra húmeda
y secreta
alimentará tu piel

como a la raíz
–una manera de volver–

Mariela Laudecina
translation by Seth Michelson

The Machi sees
the pain of other trees
tied to the acidity of the pines
cut by the same men
that planted them
in a mistaken place
The Machi sees a knot beneath the earth
natural dialogue clogged
I await
the prophetic power of her dreams
She prays to the white God framed
on her kitchen wall.

Mariela Laudecina
traducción de Seth Michelson

La Machi ve
el dolor de otros árboles
junto a la acidez de los pinos
cortados por los mismos hombres
que los plantan
en el lugar equivocado
La Machi ve un nudo bajo tierra
el diálogo natural se ha detenido
Yo espero
el poder revelador de sus sueños
Ella le reza al Dios blanco del cuadro
en la pared de su cocina.

The *lonco* receives us
in the storage center
Women
have brought soy, beans and bell pepper
for tonight's stew
The men, firewood
In the morning the teacher
will teach us *Mapundungun*
They've been friendly
to us "winkas"
as white people are known
In their distant eyes
a strange bridge balances
and we can't cross it.

El *lonco* nos recibe
en el centro de acopio
Las mujeres
han juntado soja, poroto y ají
para el guiso de la noche
Los hombres, leña
Por la mañana, la maestra
va a enseñarnos *Mapundungun*
Han sido cordiales con nosotros
"los winkas"
como le dicen a los blancos
En sus ojos esquivos
un puente extraño se balancea
y no podemos cruzar.

The larch
Azara
Toromiro
Myrtle
Beech
El yeuqué

The yew
Lingue
Cochaguillo
Citronella
Frangel
Cypress

I invented a song
to remember the trees
of this land
in case I don't return, or them either.

El alerce
El corcolén
Toromiro
Luma blanca
El Raulí
El yeuqué

El mañío
El lingué
Cochaguillo
Naranjillo
El frangel
El ciprés

Inventé una canción
para recordar a los árboles
de estas tierras
por si no vuelvo y ellos tampoco.

The Mapuche nation
People of the earth
was born three times
In the creation of the world
In the Arauco War
In the conquest of the desert
From the Limarí River
to the southeastern limits
of the puel willi mapu
The Mapuche nation
People of the earth
fight and frolic
protect and heal
Voyaging towards the origen.

El pueblo mapuche
Gente de la tierra
nació tres veces
En la creación del mundo
En la guerra de Arauco
En la conquista del desierto
Desde el río Limarí
hasta puel willi mapu
tierra del sureste
El pueblo mapuche
Gente de la tierra
luchan y se divierten
protegen y curan
Transitan hacia el origen.

Tatiana Oroño
translation by Jesse Lee Kercheval

The ginkgo (which will outlive us) casts its leaves
stretches its foliage
      protecting its growth
      stands upright spreading its arms

these are affairs of the courtyard: *Green Spaces*
do not play on this field (there is no one
to put on
the old team jersey of the forestation campaign
not Buschental nor Tomkinson nor Piria nor
Lussich have a single fan left)
the law of the city is one thing the law of the
country is another: if it is felled the tree

is a business. What does it matter that it gives
shade? the coolness the crown casts
      is not a commodity.

      Here plays the sap that rebounds from
the lips of each leaf that emerges
that reappears (on the bark of my ginkgo biloba)

Tatiana Oroño
traducción de Jesse Lee Kercheval

El ginko (que nos sobrevivirá) echó sus hojas
despereza el follaje
      arropa su crecer
      erguido el pie ha expandido los brazos

son asuntos del patio: *Áreas Verdes*
no juega en esta cancha (no hay quien
se ponga
la vieja camiseta de los emprendimientos forestales:
ni a Buschental ni a Tomkinson ni a Piria ni a Lussich
les queda un hincha) la ley de la ciudad
      la del país es otra: el árbol es negocio

si se tala. Qué más da que dé sombra no es
commodity el fresco que arroje cada copa.

      Aquí juega la savia que rebota
      en los labios de cada hoja que aflora
      que rebrota (en la piel de mi ginko biloba)

in spite of the UV rays
that sweep
over sand lots and grand ball parks alike.

a pesar de que los rayos *uv*
arrasen
en campito vereda y cancha grande.

Import4d Automobil4s

10/12 rotations per minute 600/700 per hour
        14,000/17,000 per day
they maneuver
on the secondary crossing through
        the neighborhood on the blind
pavement
of Asamblea and Candelaria. An atrocious
blindness [parallel to Rivera, Asemblea is u-turn]
that does not count (cannot see)
the trees
that are missing (the passing of the brand new
        cars that avoid
the avenue's stoplights and bottle up my street) nor
the blocks of grass drowned with cement

        the winds of 8/23/2005 tore up trees by
        the roots
        behind them thunder the crews with
        orders and the saws tear up
        the rest they disappear them

a tragic
blindness
that does not have to register what
starts

Automóvil4s importad4s

10/12 rodados x minuto 600/700 x hora
            14.000/17.000 x día
maniobran
en la cruz secundaria del vecindario en el asfalto
ciego
de Asamblea y Candelaria. Una ceguera
atroz [paralela a Rivera, Asamblea es doble mano]
que no cuenta (no ve)
los árboles
que faltan (al paso de los **0km** que esquivan
los semáforos de la avenida y embotellan
            mi calle) ni
los cuadros de césped ahogados con cemento

            los vientos del 23.08.05 descuajaron
            árboles de raíz
            atrás tronaron las cuadrillas con órdenes
            y sierras trituraron
            los restos los desaparecieron

una ceguera
trágica
que no ha de registrar qué
arranca
el arranque de las **4X4**

the starter of the 4 by 4
when there is no shade to wear on your back
       the cyclone of 9/12/2012 knocked down
       the tree tops of a garden
       the fall knocked another down on the
       street, amputated three branches:

my block, naked, the forgotten galaxy of the
       birds, not a chirp. the leaves
do not shiver. behind thunder
the crews with orders and the saws tear up
       the rest disappear them
and they extend the emergency clean-up:
       removing more than ten specimens

they don't put down lime, they put down cement,
       they paved over five niches today, October 24

[*Operation Clean Sweep*] // the trees, are they
       enemies of the state?
[Operation free trade // the autos, are they
       the elite army troops
that travel by car?]
The carbon monoxide is a gas chamber an open
pit at the door of my house.

cuando no queda sombra que ponerse a la espalda
　　el ciclón del 19.09.12 abatió dos copas de
　　un jardín
　　la caída derribó otra más, municipal. tres
　　frondas cercenadas:

mi cuadra, en cueros. la galaxia olvidada
　　de los pájaros, ni pía. no
tiritan las hojas. Atrás tronaron
las cuadrillas con órdenes y sierras trituraron
　　los restos los desaparecieron
y extendieron alerta sanitaria: extirparon más
　　de diez ejemplares

no echaron cal, cemento echaron, embaldosaron
　　hoy, octubre 24, cinco nichos

[¿O*peración rastrillo?* // los árboles, ¿son *enemigos
　　de la patria?*]
[Operaciones de libre importación // los autos
¿son la tropa de élite de un ejército
　　que va en coche?]

El monóxido de carbono es una cámara de gas a
cielo abierto a la puerta de casa.

Mirrored under the ground
they run far in the dark
the elusive waters
to the touch to the joy to the eye
wounded water

sorrowful pure waters
that draw springs
cross the rock

aquifer that bathes
the compact sun
of the earth: slope
of blue gold

sorrowful mute water
of a liquid El Dorado
that they will capture, they will presage

with fraud with pain
the corporate claws
sorrowful pure water lying in wait
for the thirst
of investors, bond holders

Espejean bajo tierra
corren lejos a oscuras
aguas esquivas
al tacto al goce al ojo
aguas dolidas

dolientes aguas puras
que trazan manantiales
atraviesan la piedra

acuífero que baña
el sol compacto
del suelo: vertientes
de oro azul

dolientes aguas mudas
de un Eldorado líquido
que apresarán, presagian,
con dolo con dolor,
garras corporativas
dolientes aguas puras acechadas
por la sed
de inversores bonistas

clean secret waters
of the Guarani ancestral home:
may your richness flow
may it come to us
your mana unhindered.
Amen.

limpias aguas secretas
del solar guaraní:
que tu riqueza mane
nos alcance
tu maná no amenace.
Amén.

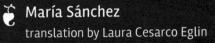

María Sánchez
translation by Laura Cesarco Eglin

Genealogies

I
Plowing through the house
something that preys
on words
to allow for the growth of this creative
photosynthesis
the plant intertwined with the sun is dismantled
among schools of laughter
and nobody lives
in this poem anymore.

María Sánchez
traducción de Laura Cesarco Eglin

Genealogías

I
Surcando la casa
un algo perseguidor
de palabras
para dejar crecer esta fotosíntesis creativa
se desarma la planta entrelazada al sol
entre cardúmenes de risas
y nadie habita ya
este poema.

II

Forgetting you is to move the wounds vehemently.
A minute descended into exile.
The gardens opened up, pulsing among fires
only the wings ran to warn me.

My body turned into rhetoric
the darkening horizons spoke
independent of any place
of any attempt to keep me on the outside.

Words to answer any grudge.

I return isolating what is named.

II

Olvidarte es mover las heridas con vehemencia.
Un minuto descendió al exilio.
Se abrieron los jardines palpitando entre fogones
corrieron solamente las alas a avisarme.

Mi cuerpo se convirtió en retórica
hablaban los horizontes atardecidos
independientes a cualquier lugar
a cualquier intento por mantenerme fuera.

Palabras para contestarte cualquier rencor.

Vuelvo aislando lo que se nombra.

The Other Side of Me Is You

I invent myself every day
but I resist
declared cold
spring of agony raising paving stones
mystic larva in its metamorphosis
mask of macerated leaves
the sea won't be able to save me.

Enveloped only by words.

El otro lado de mí eres tú

Todos los días me invento
pero resisto
frío declarado
manantial de agonía levantando baldosas
oruga mística en su metamorfosis
máscara de hojas maceradas
el mar no podrá salvarme

sólo palabras me envuelven.

Behind a multiplied flight
like a kiss in Manhattan
or a carrousel in Singapore
everything returns in the wheel of fortune.

There will always be stone in the poem
sprouts from Wells.

Detrás de un vuelo multiplicado
como un beso en Manhattan
o una calesita en Singapur
todo vuelve en la rueda de la fortuna.

Siempre habrá piedra en el poema
brotes de aljibes.

Verb

A verb that holds
your returns and departures
walking up and down stairs
tangled in my breast
time's dagger
the funeral of dawned eyes.

An inclusive verb
capable of giving us back,
screaming in dreams,
the house with doors wide open.

Verbo

Un verbo que contenga
tus regresos y tus partidas
las bajadas y subidas de escaleras
entreverado en mi pecho
puñal del tiempo
funeral de ojos amanecidos.

Un verbo abarcador
capaz de devolvernos
gritando en sueños
la casa de puertas abiertas.

Biographies

Poets

Elena Lafert is an Argentine poet who has published works such as *La hora violeta* (2003), *Lugar de Origen—Place of Origin* (2008) in collaboration with Melina Draper, *Munanaku: 8 poetas miran a Bolivia* (2009), *Un mundo diferente* (2010), and *El filo de la luz* (2013).

Ignacio Fernández de Palleja (Treinta y Tres, Uruguay. 1978) lives in Maldonado, Uruguay, where he works as a teacher of Spanish and Portuguese. He writes and has published both narrative and poetry and participated in various literary events, both as a guest and an organizer. His blog is fernandezdepalleja.wordpress.com

Luis Bravo (Montevideo, 1957), is a poet, performer, essayist, researcher and university professor. His publications include *Árbol Veloz* (book + CD-ROM, 1998; 2009); *Liquen* (2003); *Tamudando* (DVD, 2010) of a multiphonic poetry recital; *Lluvia* (NewYork, 2013); *Areñal: ene topos bilingües & other sounds* (CD, 2013), with John Bennett; *Lichen*, Spanish to English translation by W. Blair y P. Rodríguez (2014).

María Sánchez was born on July 13, 1979 in Montevideo, Uruguay. She adores Piriápolis and loves cycling and travelling. She grows beans and bell peppers in pots. She distributes leaflets, studies languages and graduated from the Instituto de Profesores Artigas as a Spanish Language professor in 2003. In 2013 she published *Mariposas de ciudad*.

Mariela Laudecina (Mendoza, Argentina, 1974) lives in Córdoba, Argentina. She has published several books of poetry, *Hacia la cavidad* (2006), *Ciruelas* (2007), *Intiyaco* (2009), *Tomo las decisiones con los pies* (2011), *Perfume de jarilla* (2013), *El cielo es para los ángeles* (2009 / 2013). Her most recent book, *La culpa es del sueño*, was published by Yaugurú in 2015.

Biografías

Poetas

Elena Lafert (Buenos Aires, Argentina, 1949). Poeta. Ha publicado obras como *La hora violeta* (2003), *Lugar de Origen – Place of Origin* (2008) en colaboración con Melina Draper, *Munanaku: 8 poetas miran a Bolivia* (2009) colectivo de poetas, *Un mundo diferente* (2010) y *El filo de la luz* (2013).

Ignacio Fernández de Palleja (Treinta y Tres, Uruguay, 1978). Vive en Maldonado donde trabaja como docente de Español y Portugués. Escribe y ha publicado narrativa y poesía. Ha participado en diversos acontecimientos literarios, como invitado y organizador. Publica en su blog fernandezdepalleja.wordpress.com

Luis Bravo (Montevideo, Uruguay, 1957). Poeta, *performer*, ensayista, investigador y profesor universitario. Publicaciones: *Árbol Veloz* (libro + CD-ROM 1998; 2009); *Liquen* (2003); *Tamudando* (DVD 2010) recital multifónico; *Lluvia* (NewYork, 2013); *Areñal: ene topos bilingües & other sounds* (CD, 2013) junto a John Bennett; *Lichen* (español-inglés), traducido por W. Blair y P. Rodríguez (2014).

María Sánchez (Montevideo, Uruguay, 1979). Adora Piriápolis. Le encanta andar en bicicleta y viajar. Cultiva porotos y morrones en macetas. Reparte volantes. Estudia idiomas. Egresó del Instituto de Profesores Artigas como profesora de Idioma Español en el año 2003. Publicó en 2013: *Mariposas de ciudad*.

Mariela Laudecina (Mendoza, Argentina, 1974). Vive en Córdoba. Ha publicado varios libros de poesía, *Hacia la cavidad* (2006), *Ciruelas* (2007), *Intiyaco* (2009), *Tomo las decisiones con los pies* (2011), *Perfume de jarilla* (2013), *El cielo es para los ángeles* (2009 /

Martín Barea Mattos (Montevideo, 1978). He is a visual art-
ist, musician and the author of several poetry co-
llections including *Por hora por día por mes* and *Never
Made in America: Selected Poems in Translation*, trans-
lated by Mark Statman, which is forthcoming from
Lavender Ink/diálogos.

Natalia Romero was born on February 21, 1985 in Bahía
Blanca, Argentina. In 2004 she moved to Buenos
Aires, where she currently resides, in the barrio San
Telmo. She studied Communication Sciences and
is the director for the virtual library A Cien Metros
de la Orilla (www.acienmetros.com.ar) which specializes
in poetry, new narrative and independent editorials.
Her poems have been published in several antho-
logies, journals and blogs. Last year she published a
book of poems *Nací en verano*, with the publisher El
Ojo del Mármol. She gives writing and poetry work-
shops to individuals and groups. Some of her poems
can be found at: www.todaslascostas.blogspot.com.

Sebastián Rivero was born in Colonia del Sacramento, Uruguay
(1978). He has an MA in history from the University
of Montevideo and teaches history at the Centro
Regional de Profesores (CERP) del Suroeste in
Colonia. His commentaries, reviews and articles have
been appearing in the national and international
media since 1996. He is the author of four books of po-
etry: *Cuerpo y sombra de la voz* (Revista U, 2003), *La cárcel
del silencio* (Artefato, 2005), *Pequeños crímenes cotidianos*
(Vintén Editor, 2008) and *República* (Estuario, 2012).

Tatiana Oroño was born in San José, Uruguay in 1947. She
is the author of seven books including *Estuario,
La Piedra Nada Sabe, Morada móvil.* and *Tout fut ce qui
ne fut pas/ Todo tuvo la forma que no tuvo.* Her work has
appeared in *American Poetry Review, Guernica,* and
Ploughshares and *Stand.*

Virginia Lucas (Uruguay, 1977), is a poet and editor. Among
other books, she has published: *Épicas Marinas*

2013) y *La culpa es del sueño,* publicado por la editorial Yaugurú en 2015.

Martín Barea Mattos (Montevideo, Uruguay, 1978). Artista visual, músico y autor de varias colecciones de poesía como *Por hora por día por mes.* La editorial Lavender Ink/diálogo, estadounidense, publicará *Never Made in America: Selected Poems in Translation,* traducido por Mark Statman.

Natalia Romero (Bahía Blanca, Argentina, 1985). En el año 2004 se mudó a Buenos Aires, donde vive actualmente, en el barrio de San Telmo. Es licenciada en Ciencias de la Comunicación. Dirige la librería virtual A Cien Metros de la Orilla (www.acienmetros.com.ar), especializada en poesía, nueva narrativa y editoriales independientes. Sus poemas fueron publicados en varias antologías, revistas y blogs. El año pasado publicó su libro de poemas *Nací en verano,* en la editorial El Ojo del Mármol. Dicta talleres de escritura y poesía, individuales y grupales. Algunos de sus poemas pueden leerse en: www.todaslascostas.blogspot.com.

Sebastián Rivero (Colonia del Sacramento, Uruguay, 1978). Es Magister en Historia de la Universidad de Montevideo, dicta clases de Historia en el Centro Regional de Profesores del Suroeste (Colonia). A partir de 1996 comenzó a publicar comentarios, críticas y artículos en medios nacionales e internacionales. Publicaciones de poesía: *Cuerpo y sombra de la voz* (Revista U, 2003), *La cárcel del silencio* (Artefato, 2005), *Pequeños crímenes cotidianos* (Vintén Editor, 2008) y *República* (Estuario, 2012).

Tatiana Oroño (San José, Uruguay, 1947). Es autora de siete libros entre los que se incluyen *Estuario, La Piedra Nada Sabe, Morada móvil* y *Tout fut ce qui ne fut pas/ Todo tuvo la forma que no tuvo.* Su obra ha sido publicada en *American Poetry Review, Guernica, Ploughshares* y *Stand.*

Virginia Lucas (Uruguay, 1977). Poeta y editora. Publicó entre otros libros: *Épicas Marinas* (Artefato, 2004),

(Artefato, 2004), *No es de acanto la flor en piedra* (Lapsus, 2005), *Muestra de cuentos lesbianos* (Trilce, 2010) and *Orsai: género, erotismo y subjetividad* (Pirates, Mvd., 2008).

Translators

Catherine Jagoe is a translator, poet and essayist and the author of two poetry collections, *Casting Off* (2007) and *News from the North* (2015). She has translated fiction and creative non-fiction from Spain, Argentina and Cataluña and poetry by the Uruguayan writers Paula Simonetti and Sebastián Rivero.

Jen Hofer is a Los Angeles-based poet, translator, social justice interpreter, teacher, knitter, book-maker, public letter-writer, urban cyclist, and co-founder of the language justice and language experimentation collaborative Antena and the local collective Antena Los Ángeles. She publishes poems, translations, and visual-textual works with numerous small independent presses, most recently Ugly Duckling Presse.

Jesse Lee Kercheval is the author of 15 books of poetry and fiction and is also a translator, specializing in Uruguayan poetry including *The Invisible Bridge/ El Puente Invisible: Selected Poems of Circe Maia*. Kercheval is a professor at University of Wisconsin-Madison and the editor of this anthology.

Laura Cesarco Eglin has translated poets and writers from the Spanish and Portuguese. Her translations and poems have appeared in a variety of journals. Laura is also the author of three collections of poetry, *Llamar al agua por su nombre, Sastrería,* and *Los brazos del saguaro*, and the chapbook *Tailor Shop: Threads.* Her work as poet and translator have been twice nominated for a Pushcart Prize.

No es de acanto la flor en piedra (Lapsus, 2005), *Muestra de cuentos lesbianos* (Trilce, 2010) y *Orsai: género, erotismo y subjetividad* (Pirates, Mvd., 2008).

Traductores

Catherine Jagoe es traductora, poeta y ensayista, además de autora de dos colecciones de poesía, *Casting Off* (2007) y *News from the North* (2015). Ha traducido obras de ficción y de no ficción de España, Argentina y Cataluña, y poesía de los escritores uruguayos Paula Simonetti y Sebastián Rivero.

Jen Hofer vive en Los Ángeles donde escribe poesía, traduce del español, trabaja como maestra e intérprete en el contexto de la justicia social, teje, hace libros a mano, escribe cartas en la calle en su escritorio público, es ciclista urbana, y cofundadora del colectivo de justicia del lenguaje y experimentación literaria Antena y del colectivo local Antena Los Ángeles. Publica poemas, traducciones y trabajos textuales-visuales con diversas editoriales pequeñas, más recientemente con Ugly Duckling Presse.

Jesse Lee Kercheval es autora de 15 libros de poesía y novelas y también es traductora, especializada en poesía uruguaya, su trabajo más reciente fue *The Invisible Bridge/ El Puente Invisible: Selected Poems of Circe Maia* (Yaugurú, 2015). En la actualidad Kercheval es profesora en la Universidad de Wisconsin y es la editora de esta antología.

Laura Cesarco Eglin ha traducido poetas y escritores del español y del portugués. Sus traducciones se han sido publicadas en una gran variedad de revistas. Laura es autora de tres libros de poesía, *Llamar al agua por su nombre, Sastrería* y *Los brazos del saguaro*, en español y además de un libro en inglés, *Tailor Shop: Threads*.

Mark Statman is the author of several poetry collections, most recently *That Train Again* (2015) and *A Map of the Winds* (2013), and the translator of *Black Tulips: The Selected Poems of José María Hinojosa*. With Pablo Medina, he translated García Lorca's *Poet in New York*. He is an associate professor of literary studies at Eugene Lang College of The New School.

Ron Paul Salutsky is author of *Romeo Bones* (Steel Toe Books 2013) and his translations include *Anti-Ferule* (Toad Press 2015) by Karen Wild Díaz. His poetry, translations, fiction, and scholarship appear in *Colorado Review, Prairie Schooner, Narrative, John Clare Society Journal*, and *América Invertida: An Anthology of Emerging Uruguayan Poets.*

Seth Michelson's most recent book of poetry is *Eyes Like Broken Windows*. His most recent books of translation include *Roly Poly*, from the Uruguayan poet Victoria Estol, and *Dreaming in Another Land*, from the Indian poet Rati Saxena. He teaches the Poetry of the Amer-icas at Washington and Lee University.

Judge

Marcelo Pellegrini is a poet, critic and translator from Val-paraíso, Chile. His most recent works include, *El doble veredicto de la piedra* (2011) in poetry and *La ficción suprema: Gonzalo Rojas y el viaje a los comienzos* (2013) in criticism. As a translator he has published *Figuras del original* and *Constancia y claridad*. Currently he works as Professor of Spanish-American Poetry at the University of Wisconsin-Madison.

Su obra como poeta y traductora ha sido nominada dos veces para el Premio Pushcart.

Mark Statman es autor de varias colecciones de poesía, su más reciente trabajo es *That Train Again* (2015) y de *A Map of the Winds* (2013), y es traductor de *Black Tulips: The Selected Poems of José María Hinojosa*. Junto con Pablo Medina, tradujo *Poet in New York* de García Lorca. Es profesor de estudios literarios, de traducción y de escritura creativa, en Eugene Lang College of The New School.

Ron Paul Salutsky es autor de *Romeo Bones* (Steel Toe Books 2013) y tradujo *Anti-Ferule* (Toad Press, 2015) de Karen Wild Díaz. Su poesía, traducciones, ficciones y trabajos académicos han sido publicados en *Colorado Review, Prairie Schooner, Narrative, John Clare Society Journal,* y *América Invertida: An Anthology of Emerging Uruguayan Poets.*

Seth Michelson publicó *Eyes Like Broken Windows,* su libro de poesía más reciente . Los últimos libros que tradujo incluyen *Roly Poly,* de la poeta uruguaya Victoria Estol y *Dreaming in Another Land,* del poeta hindú Rati Saxena. Enseña Poesía de las Américas en Washington y Lee University.

Jurado

Marcelo Pellegrini (Valparaíso, Chile, 1971). Poeta, crítico y traductor. Sus obras más recientes son *El doble veredicto de la piedra* (2011) en poesía y *La ficción suprema: Gonzalo Rojas y el viaje a los comienzos* (2013) en crítica. Como traductor publicó *Figuras del original* y *Constancia y claridad.* Actualmente se desempeña como profesor de poesía hispanoamericana en la Universidad de Wisconsin-Madison.

Contents

Índice

Colección del Clú de yaugurú
(Sistema de suscriptores)

mayo|09 / *Se lu5tra*. CD de Fernando Cabrera, Popo Romano, Fernando Goicoechea, Luis Bravo con Pepe Danza y Berta Pereira, Tango marciano, Inés Trabal & Carlos da Silveira, Marcos Ibarra, Santiago Tavella & Roberto Musso, Alberto Restuccia, Martín Barea Mattos & Fico Silveira, Bardo Kan, Agamenón Castrillón, Pollo Píriz quinteto, Carmen Pi y Gustavo Wojciechowski.

junio|09 / *Pabellón patrio*. Libro de poesía de Luis Pereira.

julio|09 / *Abisinia entre algunas otras cosas que pude haber escrito y que hoy ya no recuerdo*. Carpeta con elásticos, antología de Witold Borcich.

agosto|09 / *TT4 (cuarto taller de tipografía)*. Publicación con trabajos experimentales de tipografía.

septiembre|09 / *El tiempo circular*. Libro de poesía de Mariella Nigro, con ilustraciones de Cecilia Mattos.

octubre|09 / *Vocales.ui*. CD de Héctor Bardanca.

noviembre|09 / *Oriental*. Libro de haikú de Alejandro Tuana.

diciembre|09 / Saludo, postal + *20 x 20*. Libro de poesía y diseño. 20 poetas argentinos interpretados por 20 diseñadores uruguayos / 20 poetas uruguayos interpretados por 20 diseñadores argentinos. Co-edición con Editorial Argonauta (Buenos Aires).

enero-febrero|10 / *40 años de performances e intervenciones urbanas*. Libro de Clemente Padín.

marzo|10 / *Costos de la aldea*. Libro de cuentos de Agamenón Castrillón, ilustrados por varios dibujantes y diseñadores.

abril|10 / *Mangueras rojas y azules*. Libro de jóvenes poetas iberoamericanas. Selección Cecilia Sainte-Naïve. Co-edición con Los libros de l(a) imperdible (España).

mayo|10 / *Aparato reproductor*. Libro de cuentos de Germán Di Pierro. + *Camiones*. Plaqueta con textos de Rubén Olivera, Mauricio Ubal y Gustavo Wojciechowski.

junio|10 / *Culito de rana (antología poética)* de Jotamario Arbeláez.

julio|10 / *Noche cerrada en un país de la memoria (obra poética)* de Susana Soca.

agosto|10 / *Texturas*. CD de varios autores (Popo Romano, Agamenón Castrillón, Abel García, Lautaro Hourcade, Cecilia Vignolo, Juan Ángel Italiano, Alberto Restuccia, Nicolás Mora, Raquel Diana, Alejandro Tuana, Jesusa Delbardo, Macunaíma, Walter Bordoni, Omar Tagore y Fernando Goicoechea.

septiembre|10 / *La rosa del manicomio*. Libro de poesía de Eduardo Curbelo.

octubre|10 / *Tamudando*. DVD de Luis Bravo, Berta Pereira, Alejandro Tuana, Pollo Píriz, Daniela Pássaro, Marcelo Vidal y Leonardo Barzelli. Coedición con Ediciones Ayuí.

noviembre|10 / los tres primeros títulos (plaquetas de poesía latinoamericana) de la colección Pliegos del cordel.

diciembre|10 / *Corazonada*. Juego de naipes circulares de Paula Bader (poesía) y Silvia II G (pinturas).

enero/febrero|11 / *La sombra del jaguar*. Novela de Rafael Bernardi.

marzo|11 / *URUMEX* (10 carteles mexicanos a partir de 10 poemas uruguayos / 10 carteles uruguayos a partir de 10 poemas mexicanos), de varios autores, coordinación: Carlos Palleiro y Gustavo Wojciechowski.

abril|11 / *Cieno*. Libro de poesía de Gerardo Ciancio (Primer Premio de Poesía Inédita MEC) + *(o: diáspora la lengua)*, plaqueta de poesía de Laura Alonso.

mayo|11 / *Ruido de poemas*. CD de Eduardo Nogareda y Fernando Pareja.

junio|11 / *Z / M (escrivisiones a partir de fotogravivas, Zaragoza / Montevideo)*. Libro de varios autores (fotografía y literatura). Co-edición con Los libros de l(a) imperdible (España).

julio|11 / *Lugar perfecto*. Libro de poesía de Roberto Appratto.

agosto|11 / *Santuario*. CD de Alejandro Tuana y Samantha Navarro.

setiembre|11 / *Vuelven los mutantes*. Libro de historietas de Marcos Ibarra.

octubre|11 / *Sastrería*. Libro de poesía de Laura Cesarco Eglin.

noviembre|11 / *Amarga misericordia*. Libro de poesía de Léonie Garicoïts.

enero/febrero|12 / *Actores de segunda*. Novela de Enrique Bacci.

marzo|12 / *Trasiego*. Poesía. Un texto de Gustavo Wojciechowski traducido a varios idiomas.

abril|12 / *El sur y el norte*. Poesía de Sergio Altesor, con ilustraciones de Domingo Ferreira.

mayo|12 / *Tata Vizcacha*. Poesía Washington Benavides.

junio|12 / *Bicho bola*. Poesía de Victoria Estol + *Nomenclatura y apología del carajo*. Poesía de Francisco Acuña de Figueroa.

julio|12 / *incorrección*. Poesía Hugo Achugar.

agosto|12 / *Santa poesía*. Poesía Rafael Courtoisie.

setiembre|12 / *Aliverti Liquida (Apto para señoritas)*. Poesía de la Troupe Ateniense (Co-edición con Irrupciones)

octubre|12 / *La memoria de los nombres*. Novela de Melba Guariglia.

noviembre|12 / *MOJOS*. Libro de Horacio Buscaglia.

diciembre|12 / *Bitácora del corazón roto*. Poesía de Caf.-

enero/febrero|13 / *CUALQUIERCOSARIO* (poemas, cuentos, fotografías, dibujos, historieta) de varios autores. Co-edición con Los libros de l(a) imperdible (España).

marzo|13 / *La impureza*. Poesía de elbio chitaro.

Abril|13 / *Terral*. Poesía de Felipe García Quintero.

Mayo|13 / *Juglar en flor*. Poesía de María Constanza Farfalla (con ilustraciones de Marcos Ibarra).

junio|13 / *Se ruega no dar la mano*. Poesía de Alfredo Mario Ferreiro. Edición fascímil. (Co-edición con Irrupciones).

julio|13 / *Estados de la maceta*. Libro de aforismos y dibujos de Mariano González.

agosto|13 / *El canto de los alacranes*. Novela de Juan Introini.

septiembre|13 / *Un huésped en casa (memorias de una traducción)* de Teresa Amy. Seguido de *La más larga de las noches*, antología de poesía de Jan Skácel.

octubre|13 / *Mudanza/Mudança*. Libro de canciones de Fernando Cabrera, edición bilingüe (Co-edición con GRUA Livros).

noviembre|13 / *Bailarina invisible*. Poesía de Víctor Guichón.

Made in the USA
Charleston, SC
20 January 2017